curio¿idad por

LA ATLÁNTIDA

POR GILLIA M. OLSON

AMICUS LEARNING

¿Qué te causa

curiosidad?

Curious About es una publicación de
Amicus Learning, un sello de Amicus
P.O. Box 227
Mankato, MN 56002
www.amicuspublishing.us

Editora: Ana Brauer
Diseñadora de la serie: Kathleen Petelinsek
Diseñadora del libro e investigadora fotográfica: Emily Dietz

Library of Congress Cataloging-in-Publication Data
Names: Olson, Gillia M., author.
Title: Curiosidad por la Atlántida / Gillia M. Olson.
Other titles: Curious about Atlantis. Spanish
Description: Mankato, MN : Amicus Learning, 2025. | Series: Curiosidad por los misterios inexplicables | Includes index. | Audience: Ages 6–9 | Audience: Grades 2–3 | Summary: "Does the lost city of Atlantis really exist? Learn about this unexplained mystery in this Spanish question-and-answer book for elementary-aged readers. Translated into North American Spanish. Includes infographics, table of contents, glossary, and index"— Provided by publisher.
Identifiers: LCCN 2024024484 (print) | LCCN 2024024485 (ebook) | ISBN 9798892003148 (library binding) | ISBN 9798892003186 (paperback) | ISBN 9798892003223 (ebook)
Subjects: LCSH: Atlantis (Legendary place)—Juvenile literature.
Classification: LCC GN751 .O5718 2025 (print) | LCC GN751 (ebook) | DDC 398.23/4—dc23/eng/20240606
LC record available at https://lccn.loc.gov/2024024484
LC ebook record available at https://lccn.loc.gov/2024024485

Créditos de las fotos: Alamy/Chronicle, 15, TCD - Prod. DB, 21; Dreamstime/Valerijs Jegorovs, 6-7, Yutthaphong Wiangsimma, 2, 11; FreePik/studioworkstock, 2, 5; Getty Images/Pictures from History, 19; Noun Project/MihiMihi, 22, 23, Muhammad Atiq, 22, 23; Pixabay/Hansuan_Fabregas, portada, 1; Dominio público/desconocido, 3, 16-17; Science Source/Mikkel Juul Jensen, 8-9; Shutterstock/Fer Gregory, 20, Sergey Ksen, 14, Stefanos Kyriazis, 4, Vikks, 12-13

Impreso en China

CAPÍTULO UNO

¿Es real la Atlántida?

Según la leyenda, la Atlántida fue una gran ciudad **antigua**. Ya no existe. Nadie sabe con certeza si alguna vez existió. Un griego antiguo llamado Platón escribió sobre ella en el año 360 **a.C.**. Eso fue hace unos 2.400 años. Sus escritos son todo lo que sabemos sobre ella.

¿LO SABÍAS?

Platón dijo que la Atlántida existió 9.000 años antes de que escribiera sobre ella.

Mucha gente imagina la ciudad perdida de la Atlántida como un palacio submarino.

¿Dónde estaba?

La gente tiene muchas ideas, pero nadie sabe realmente dónde estaba la Atlántida.

Platón escribió que la Atlántida era una enorme isla pasada las Columnas de Hércules. Nadie sabe con certeza a dónde se refería Platón. Hoy en día, las Columnas de Hércules son dos puntos de tierra. Están a ambos lados de una vía fluvial cerca de España.

¿Qué aspecto tenía la Atlántida?

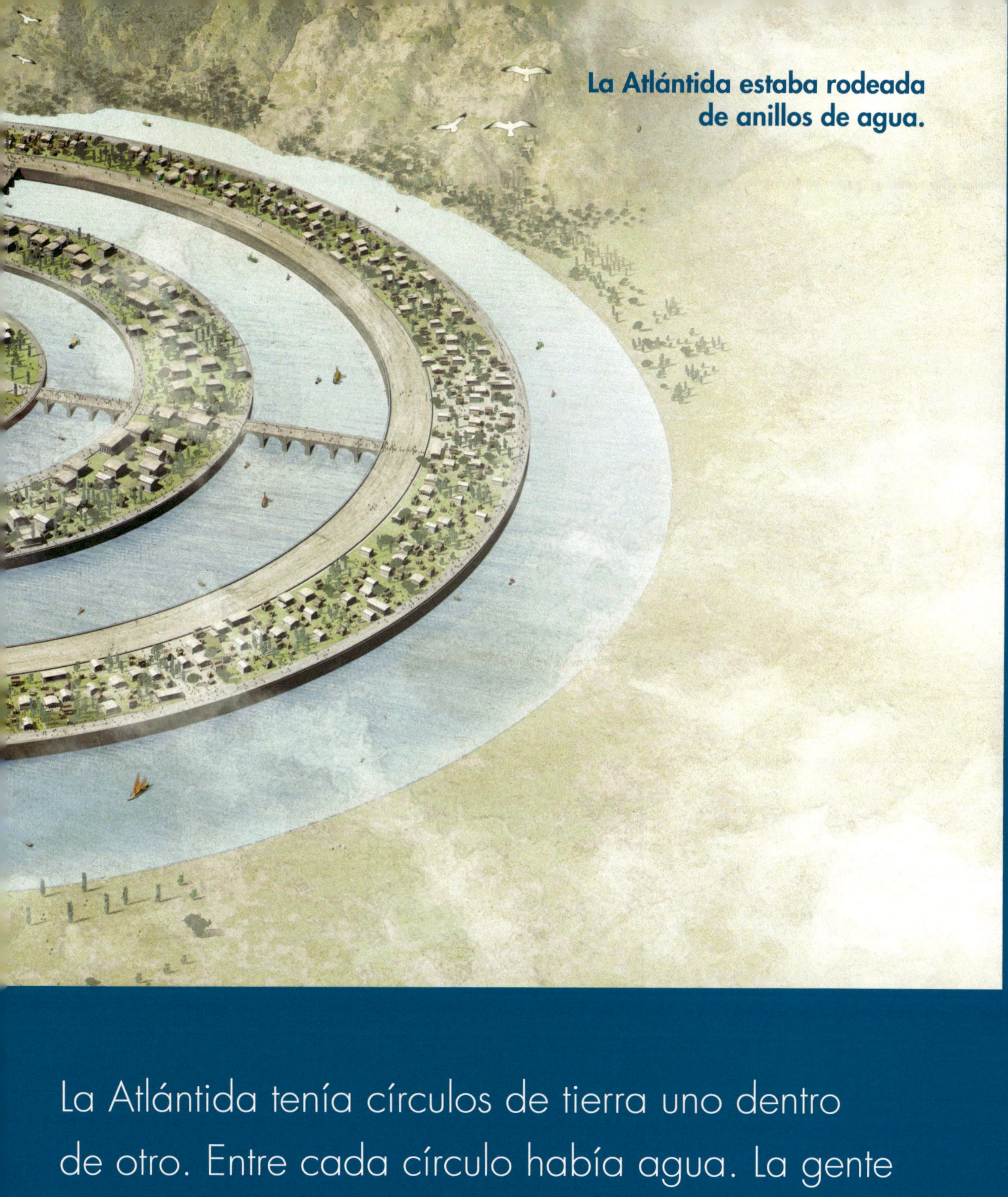

La Atlántida estaba rodeada de anillos de agua.

La Atlántida tenía círculos de tierra uno dentro de otro. Entre cada círculo había agua. La gente utilizaba puentes para cruzar el agua. Había un gran **templo** en la isla central. En la tierra crecían muchos cultivos.

¿Quién construyó la Atlántida?

Platón dijo que Poseidón, el dios griego del mar, creó la Atlántida. El hijo de Poseidón, Atlas, fue su primer rey. La gente tenía lo necesario para vivir bien. Eran humildes. Seguían las leyes.

¿LO SABÍAS?
En tiempos de Platón, la gente adoraba a muchos dioses y diosas.

Poseidón era uno de los dioses griegos más poderosos.

¿Qué pasó con la Atlántida?

Una ola enorme podría haber provocado el hundimiento de la Atlántida.

La historia dice que los atlantes se llenaron demasiado de orgullo. Se volvieron codiciosos. Ya no seguían las leyes. Los dioses quisieron castigarlos. Los dioses enviaron terremotos e inundaciones. La Atlántida fue destruida en un día. Se hundió en el océano.

¿Qué ha hecho que la leyenda vuelva a ser popular?

Un cristal de cuarzo podría haber sido utilizado para alimentar la Atlántida. Se dice que los cristales fortalecen la energía.

En los 1800, personas que decían ser **psíquicos** se interesaron por la Atlántida. Decían que la Atlántida tenía tecnología avanzada. Edgar Cayce afirmó que utilizaba cristales poderosos para alimentar la ciudad.

Las ideas de Edgar Cayce sobre la Atlántida devolvieron el mito a la cultura popular.

¿LO SABÍAS?
Hoy en día, más de la mitad de los estadounidenses creen que existieron civilizaciones avanzadas, como la Atlántida.

CAPÍTULO TRES

¿Por qué la gente cree en el mito?

En 2001, las ruinas de Helike fueron encontradas bajo tierra en Grecia.

Terremotos e inundaciones han destruido ciudades. Una de ellas podría haber dado a Platón la idea de la Atlántida. Helike era una ciudad cercana al lugar donde vivía Platón. La ciudad cayó al mar durante un terremoto. Ocurrió sólo 10 años antes de que Platón escribiera sobre la Atlántida.

¿Qué otra cosa podría ser?

La mayoría de la gente piensa que los escritos de Platón son sólo una historia. Platón quería escribir sobre la mejor manera de vivir para la gente. En sus escritos, la Atlántida era una gran **sociedad**. Pero las malas decisiones de la gente llevaron a la caída de la ciudad. La historia de la Atlántida podría haber sido un aviso sobre lo que no se debe hacer.

Platón (izquierda) enseñaba sus creencias a los estudiantes en Grecia.

¿Qué piensa la gente ahora?

Si la Atlántida existió, puede que esté en ruinas en el fondo del océano Atlántico.

Muchas películas y libros modernos cuentan la leyenda de la Atlántida. Estas historias muestran a seres humanos viviendo en palacios bajo el agua. En la vida real, la gente sigue buscando ciudades perdidas. Nadie ha presentado aún **pruebas** de la Atlántida. La gente seguirá sintiendo curiosidad por la gran ciudad que se hundió en el mar.

¿LO SABÍAS?
El superhéroe Aquaman es de la Atlántida.

HAZ MÁS PREGUNTAS

¿Cómo busca la gente ciudades perdidas en el agua?

¿Qué ocurre durante los terremotos?

Prueba con una GRAN PREGUNTA:
Si la Atlántida fuera realmente una ciudad totalmente sumergida, ¿cómo viviría allí la gente?

BUSCA LAS RESPUESTAS

Busca en el catálogo de la biblioteca o en el internet.
Pueden ayudarte tus padres, un bibliotecario o un maestro.

Uso de palabras clave
Encuentra la lupa.

Las palabras clave son las palabras más importantes en tu pregunta.

Si quieres saber sobre:

- otras ciudades perdidas, escribe: ANTIGUAS CIUDADES PERDIDAS
- terremotos, escribe: CAUSAS Y EFECTOS DE LOS TERREMOTOS

GLOSARIO

a.C. Antes de Cristo; la época anterior al nacimiento de Jesús.

antiguo Muy viejo; existente desde hace muchos años.

prueba Hechos o evidencia que demuestran que algo es cierto.

psíquico Persona sensible a fuerzas no físicas.

sociedad Personas que viven juntas en comunidades organizadas con leyes, tradiciones y valores compartidos.

templo Lugar de adoración.

ÍNDICE

Sobre la autora

Gillia Olson es escéptica por naturaleza, pero le encanta todo lo paranormal. Es curiosa y de mente abierta, y espera que usted también lo sea. Vive en el sur de Minnesota.